AF143573

# BEI GRIN MACHT SICH IHR WISSEN BEZAHLT

- Wir veröffentlichen Ihre Hausarbeit, Bachelor- und Masterarbeit

- Ihr eigenes eBook und Buch - weltweit in allen wichtigen Shops

- Verdienen Sie an jedem Verkauf

## Jetzt bei www.GRIN.com hochladen und kostenlos publizieren

Lutz Mueller

# Architektur und Ästhetik des Berliner Holocaust-Mahnmals

GRIN Verlag

**Bibliografische Information der Deutschen Nationalbibliothek:**

Die Deutsche Bibliothek verzeichnet diese Publikation in der Deutschen National-
bibliografie; detaillierte bibliografische Daten sind im Internet über http://dnb.d-
nb.de/ abrufbar.

**Impressum:**

Copyright © 2007 GRIN Verlag GmbH
Druck und Bindung: Books on Demand GmbH, Norderstedt Germany
ISBN: 978-3-638-82093-6

**Dieses Buch bei GRIN:**

http://www.grin.com/de/e-book/73036/architektur-und-aesthetik-des-berliner-
holocaust-mahnmals

## GRIN - Your knowledge has value

Der GRIN Verlag publiziert seit 1998 wissenschaftliche Arbeiten von Studenten, Hochschullehrern und anderen Akademikern als eBook und gedrucktes Buch. Die Verlagswebsite www.grin.com ist die ideale Plattform zur Veröffentlichung von Hausarbeiten, Abschlussarbeiten, wissenschaftlichen Aufsätzen, Dissertationen und Fachbüchern.

## Besuchen Sie uns im Internet:

http://www.grin.com/

http://www.facebook.com/grincom

http://www.twitter.com/grin_com

Justus-Liebig-Universität Gießen

FB 03 Institut für Politikwissenschaft

**Lutz Müller**

# Architektur und Denkmal
# „Das Holocaust Mahnmal"

## Architektur und Ästhetik des Mahnmals

Wintersemester 06/07
Proseminar: Visuelle politische Kommunikation
Studiengang: Social Sciences B.A.
1  Semester
Digitaler Schein

# Inhaltsverzeichnis

# 1. Einleitung

In der Vergangenheit haben Denkmäler immer schon einen hohen Stellenwert in der Gesellschaft eingenommen. Es gibt unzählige Gedenklisten, eine Vielzahl an Monumenten für unterschiedlichste politische Gruppen und großen Persönlichkeiten oder ganze Museen, die an gewisse Ereignisse gedenken sollen.[1]

Berlin ist nicht nur Hauptstadt der Bundesrepublik Deutschland, sondern auch die Hauptstadt der Denkmäler. Aufgrund der historischen und politischen Vergangenheit gibt es in Berlin eine hohe Anzahl an Gedächtnisstätten. In erster Linie sind Orte wie die Berliner Mauer, das Brandenburger Tor oder Checkpoint Charlie Anlaufstellen für Touristen aus der ganzen Welt. Seit 2005 hat Berlin ein außergewöhnliches und zwiespältiges Mahnmal dazu erhalten. Das Denkmal für die ermordeten Juden Europas wurde in diesem Jahr fertig gestellt. Der Architekt, Peter Eisenman, hat es in Verbindung mit dem Ort der Information inmitten Berlins errichten lassen. Schon vor Beginn der Planungen wurde über dieses Denkmal sehr kontrovers diskutiert. Ob ein Einschluss von anderen ermordeten Menschengruppen wie Sinti und Roma oder Homosexuellen stattfinden sollte, wurde von Anfang an abgelehnt.[2]

Selbst nach der Fertigstellung des Denkmals sind die Meinungen immer noch sehr unterschiedlich. Dennoch ist es Publikumsmagnet und zog in den vergangenen zwei Jahren seit der Eröffnung am 12.5.2005 über 3 Millionen Besucher an.[3]

---

1 Vgl. Gedenkstätten für die Opfer des Nationalsozialismus. Eine Dokumentation II. Bonn (2000), S. 106 f.
2 Ebd.
3 Engel, Esteban: Ort der Besinnung und Touristenmagnet.
http://www.heute.de/ZDFheute/inhalt/8/0,3672,3932264,00.html,17.02.07

Nach 60 Jahren Kriegsende hat die Bundesrepublik Deutschland einen zentralen Erinnerungsort für die ermordeten Juden durch den Holocaust. Nichtsdestotrotz wird dieser Ort nicht überall begrüßt. Die Bundesregierung hat erst nach langer Debatte entschieden, dass Peter Eisenman seinen Entwurf verwirklichen darf.[4] Wenn ein Denkmal schon im Vorfeld solch eine Diskussion hervorruft, kann es den Sinn erfüllen, an die Toten des Nationalsozialismus zu erinnern? Der Architekt hat die Möglichkeiten, dies zu schaffen. Er muss Mittel finden, mit denen er bezweckt, alle Gruppen von Menschen, gleichwohl was der Grund für den Besuch des Denkmals ist, zu erreichen. Er muss die Verbindung zwischen Mensch und Denkmal herstellen und aufrecht erhalten.

In der folgenden schriftlichen Ausarbeitung zum Thema „Architektur und Denkmal III – Das Holocaust Mahnmal - Architektur und Ästhetik des Mahnmals" werde ich mich mit den gestalterischen Mitteln von Peter Eisenman auseinandersetzen und das Denkmal näher beschreiben, um aufzuzeigen, wie das Mahnmal wirkt und wirken kann.

## 2.1. Der Architekt: Peter Eisenman

Um eine Architektur näher kennen lernen zu können, muss man sich zuerst mit dem Planer und Gestalter dieses Werkes auseinandersetzen. Das Mahnmal für die ermordeten Juden Europas wurde von Peter Eisenman entworfen und bis zur Einweihung durch ihn begleitet. Geboren wurde er am 11.08.1932 in Newark, New Jersey. Seine Laufbahn als Architekt startet er 1951, als er an der Cornell University in Ithaca und der Columbia University in New York beginnt, Architektur zu studieren. 1963 beendet er sein Studium mit der Doktorarbeit über Entwurfstheorien. Er ist außerdem Mitbegründer der New York Five, einer Architektengruppe die aus namenhaften Personen bestand, wie Michael Graves, Charles Gwathmey, John Hejduk und Richard Meier, die sich dem bedeutendem Architekten Le Corbusier verschieb, dessen Bauten immer nach

---

4 Vgl. Deutscher Bundestag. Stenographischer Bericht. 48. Sitzung. Bonn (1999), S. 4110 f.

ästhetischen Richtlinien gestaltet wurden. Neben seiner Tätigkeit und Karriere als Architekt ist er zugleich auch Autor und Hochschullehrer. Anfang der 80er Jahre gründet er sein eigenes Architektenbüro. Seine Werke sind durch den Dekonstruktivismus geprägt.[5] Peter Eisenman verbirgt hinter seiner Architektur auch Aussagekraft und Intention. In seinen Augen hat Architektur und Kunst eine kritische Funktion. Er will durch Provokation in erster Linie die Auseinandersetzung mit dem inhaltlichen Gegenstand beginnen. Nur durch diese so genannte „Architektur der Erinnerung" kann solch eine Auseinandersetzung stattfinden. Wichtig sei es, die Aufarbeitung mit der Vergangenheit zu erreichen. Erst durch diese beiden Komponenten, Auseinandersetzung und Aufarbeitung, kann er sein architektonisches Ziel erreichen, nämlich den Denkprozess jedes einzelnen Betrachters anzuregen. Ihm ist es wichtig, dass sich jeder Betrachter damit befasst. Seine Bauten sind keineswegs eindeutige Aussagen, sondern so ausgelegt, dass kontroverse und unterschiedliche Meinungen entstehen, ausschlaggebend ist nur, ein Entwicklungs- und Denkprozess bei jedem Besuchers zu erreichen. Hier beginnt Eisenmans Angriff auf den herkömmlichen Symbol- und Denkmalbegriff.

„Symbole haben eine sinnbildliche Bedeutung oder Darstellung, es sind sichtbare, klangliche, rituelle oder gedankliche Zeichen, die auf einen sonst nicht wahrnehmbaren Sinngehalt verweisen."[6] Eisenman erreicht diesen Symbolcharakter auf der Provokationsebene. Seine Denkmäler, Mahnmale und Bauwerke sollen durch Provokation anregen, sich selbst mit einer Thematik zu beschäftigen und sich eine Meinung zu bilden. Bezeichnend für alles, was er konstruiert und umsetzt, ist eine seiner Aussagen, die er über Kunst und Architektur getroffen hat: „art has always been critical of life."[7]

---

5 Vgl. Peter David Eisenman. http://biografien.focus.de/templ/te_bio.php?PID=1583&RID=1, 17.02.07
6 Bedürftig, Friedmann, Fremdwörterlexikon
7 Architekt Eisenman. http://www.zdf.de/ZDFmediathek/inhalt/20/0,4070,2292564-5,00.html, 17.02.07, (o.V.)

## 2.2. Dekonstruktivismus

„Der Dekonstruktivismus ist eine Architekturrichtung, in den 1980er- und 1990er-Jahren beginnend, die abgeleitet vom Lebensgefühl dieser Zeit auf den ganzheitlichen Sinnzusammenhang verzichtet. Der traditionelle konstruktive Architektenentwurf wird zugunsten von fragmentierten, zerstückelten, zersplitterten und wieder neu zusammengesetzten „Baumassen" aufgegeben. Alternativ zum Senkrecht und Waagerecht, zu den Gesetzen von Tragen und Lasten, werden schräg gestellte Wände, abfallende oder ansteigende Decken und Böden, unregelmäßig geneigte oder ins Leere gehende Stützen, wahllos verteilte, unregelmäßige Fassadenöffnungen, sich durchdringende Bauelemente, disharmonische Farbigkeit und Materialzusammenstellung für beabsichtigte Brüche vorgeführt."[8]

Eisenman prägte diese Stilrichtung entscheidend mit und konnte dennoch durch seine widersprüchlichen Konstruktionen einen hohen Stellenwert als Architekt in der modernen Baukunst erlangen. Er sieht Architektur als eine Art „Spiel von Formen und Strukturen"[9]an. Er lässt ihnen sozusagen freien Lauf. Für ihn gibt es keine einheitlichen, vorgegebenen Formen, sondern er nimmt bei jedem seiner Projekte neue Verlaufsstrukturen und Materialien in seine Konstruktionen mit auf, um dieses Spiel weiter vorantreiben zu können.

## 2.3 Werke und Bauten

Eines seiner bekanntesten Werke ist das Ciudad de la Cultura de Galicia (Baujahr 1999 – heute) in Santiago de Compostela in Spanien. Weiterhin sind das Denkmal für die ermordeten Juden Europas (Baujahr 1998 – 2005) in Berlin und das Wexner Center (Baujahr 1983 – 1989) in Columbus, Ohio (Abb. 1) herausragende Werke, die zu seinen Vorzeigeobjekten geworden sind. Auch das Fussballstadion (Baujahr 2001) für die beiden Münchener Vereine FC Bayern München und TSV 1860 München sind durch sein Architektenbüro

---

8 Duden Kunst. Mannheim (2005), S. 327 f.
9 Duden Kunstgeschichte II. Mannheim (2003), S. 50 f.

entworfen worden.[10] Anhand des Wexner-Centers sind die dekonstruktiven Gestaltungsformen sehr gut zu erkennen. Die Stahlkonstruktion, die sich über die Länge des gesamten Komplexes zieht, hat keinerlei Funktion, sie schützt weder vor Regen, Schnee oder Sonne, noch hat sie einen statischen Grund oder hält das Gebäude zusammen. Der Sinn fehlt. Außerdem sind die Türme oder Schornsteine, die an den Ecken des Centers angebracht sind, in der Mitte geteilt. Sie erfüllen auf keinen Fall die Funktionen der eigentlichen Bauelemente. All das sind starke Ausprägungen des Dekonstruktivismus, die Eisenman gerne benutzt.

---

10 Past projects. www.eisenmanarchitects.com, 17.02.07, (o.V.)

7

# 3. Allgemeines zum Mahnmal

Um das Mahnmal erfassen zu können, ist es sinnvoll, es anhand seiner Daten und Fakten zu betrachten. Die Größe des gesamten Feldes beträgt 19.073m². Es besht aus 2711 Stelen aus hochwertigem Beton, die einer speziellen chemischen Behandlung unterzogen wurden, damit Graffiti und Beschriftungen leichter entfernt werden können. Die Stelen sind hohl und haben eine unterschiedliche Neigung zwischen 0,5° bis 2°. Alle Stelen sind 0,95m breit und 2,38m lang.

Die Höhen der Stelen sind wiederum sehr unterschiedlich:

1.) *303 Stelen sind höher als 4 Meter*

2.) *569 Stelen haben eine Höhe von 3 bis 4 Metern*

3.) *491 Stelen sind zwischen 2 und 3 Metern hoch*

4.) *869 Stelen besitzen eine Höhe von 1 bis 2 Metern*

5.) *367 der Stelen sind zwischen 0 und einem Meter hoch*

6.) *112 Stelen sind ebenerdige Steinplatten[11]*

Das Gewicht der größten Stele, die 4,7 Meter hoch ist, beträgt 16t. Das durchschnittliche Gewicht einer Stele beträgt jedoch nur die Hälfte, ca. 8t. Die Pflasterfläche, welche die Stelen umgibt, ist 13100m² groß. Zusätzlich sind 41 Bäume im Stelenfeld verteilt. [12]

Das Mahnmal wird durch den Ort der Information erweitert. Dieser Ort soll das Stelenfeld ergänzen. Seine Ausstellungsräume sind 778m² groß, die Vortragsräume sind zusammen 106m² groß und der Buchladen, der in diesen Ort der Information zusätzlich beinhaltet, ist 46m² groß. [13]

---

11 Vgl. Denkmal für die ermordeten Juden Europas. Gleichnamige Broschüre des Förderkreises zur Errichtung eines Denkmals für die ermordeten Juden Europas e. V., Berlin (o. J.)
12 Ebd.
13 Ebd.

Insgesamt kostete das Denkmal 27,6 Millionen Euro, davon wurden 14,8 Millionen Euro für das Stelenfeld beansprucht und 12,8 Millionen Euro für den Ort der Information. Der Standort des Mahnmals mit dem Ort der Information ist bewusst gewählt worden. Inmitten von Berlin, liegt es unweit vom Brandenburger Tor entfernt, ist mit dem Tiergarten verbunden und lässt den Blick auf den Bundestag zu. Dies soll deutlich machen, dass damit die Zivilbevölkerung angesprochen werden soll. Weiterhin gibt es geschichtliche Faktoren, die den Standort beeinflussen. Der Bunker von Joseph Goebbels befindet sich bis heute unter dem Mahnmal. Auch war die Fläche, auf der die Konstruktion gebaut wurde, Teil des Todesstreifens zu Zeiten der Trennung von Ost- und Westberlin. Das Stelenfeld ist mit dem Ort der Information verbunden, der direkt über Treppen und Fahrstühle zugänglich ist und über Orte und Opfer des Holocaust informiert. Der Ort der Information und das Mahnmal selbst, sind zusammen als Einheit zu sehen.[14]

---

14 Ebd.

# 4. Architektur und Ästhetik

## 4.1. Das Mahnmal:

Die Stelen sind in unterschiedlichsten Höhen aufgestellt worden. Die Weite reicht von ebenerdig bis zu über 4 Metern Höhe. Auch hat Eisenman ein gewisses Raster angeordnet, da alle Abstände zwischen den Stelen genau 0,95 Meter betragen. Jedoch hat er die Neigung der einzelnen Betonpfeiler von 0,5° bis zu 2° ausgerichtet. So entstehen keine einheitlichen Durchgangswege, sondern jeder Abschnitt wirkt anders, da Höhe und Neigung die Wege verschieden wirken lassen.[15] Das komplette Mahnmal kann von allen vier Seiten betreten werden. Es gibt keinen Eingang oder Ausgang, keine Mitte und auch kein Ende, das gesamte Bauwerk ist frei zugänglich und jederzeit betretbar. Der Besucher ist selbst angehalten, sich den Weg durch den Stelenwald zu suchen. Länge, Dauer und individuelle Wege werden dadurch selbstbestimmt und sind Resultat des Verzichts von herkömmlichen Eingängen und Ausgängen.

Da die Gänge aufgrund der gleich bleibenden Breite von knapp einem Meter sehr eng gehalten wurden, ist es unausweichlich, dass man das Mahnmal für „sich selbst" erkunden muss. Es ist unmöglich, nebeneinander die ganze Konstruktion zu erlaufen und zu erkunden. Unzählig viele möglichen Wege, die Höhe der Stelen und die Enge der Gänge bewirken, dass sich eine Besuchergruppe schnell „aus den Augen" verliert und man sich einzeln durch die Stelen bewegen muss, bevor man seine eigentliche Gruppe wieder findet. Ein weiteres, prägendes Element des Mahnmals ist der „schwankende" Boden (Abb. 2). Die Kombination dieser verwendeten Mittel bewerkstelligt, dass der Boden das Gesamtbild eines wellenförmigen Eindrucks unterstreicht (Abb. 3).

---

15 Vgl. Denkmal für die ermordeten Juden Europas. Gleichnamige Broschüre des Förderkreises zur Errichtung eines Denkmals für die ermordeten Juden Europas e. V., Berlin (o. J.)

Auch an dieser Architektur kann man den Angriff auf den herkömmlichen Denkmalbegriff von Peter Eisenman gut erkennen. Laut ihm „habe das Mahnmal keinerlei Symbolik".[16] Weder die Anordnung der Stelen, noch Anzahl oder Höhe dieser haben eine Bedeutung. Er verzichtet beim Denkmal für die ermordeten Juden Europas vollkommen auf symbolische Aussagekraft und Charakter. Die kritische Funktion der Kunst kommt zum Ausdruck, da er einen Denkprozess und die Auseinandersetzung und Aufarbeitung bei den Besuchern erzielen will.[17]

Um das nachvollziehen zu können, sind Aussagen des Architekten selbst zu seinem Werk sinnvoll:

„Mehrdeutigkeit und Provokation lassen Emotionen entstehen."

„Das Mahnmal soll benutzt werden. Ich wünsche mir, dass Kinder zwischen den Stelen fangen spielen und Menschen auf den Säulen zu Mittag essen."[18]

## 4.2. Ort der Information:

Peter Eisenman hat dem Mahnmal auch noch eine Art Museum hinzugefügt. Der Ort der Information soll an Opfer und Orte des Holocaust erinnern. Mit dem Mahnmal versucht er, Besucher über die emotionale Ebene zu erreichen. Aber um das Ausmaß des Holocaust begreifen zu können, muss die Emotionalität mit Wissen ergänzt werden. Dafür sorgen die unterirdischen, über Treppen und Fahrstühle erreichbaren Räumlichkeiten. Die Unterteilung der Informationen findet sich in vier Räumen wieder. Der Raum der Dimension, der Raum der Familien, der Raum der Namen und der Raum der Orte sollen nach der Besichtigung des Mahnmals das Bewusstsein des Besuchers einmal mehr sensibilisieren, damit die Vergangenheit nicht in Unwissen und Vergessenheit gerät.[19]

---

16 Eisenman, Peter: Denkmal für die ermordeten Juden Europas. http://www.stiftung-denkmal.de/dasdenkmal/stelenfeld/architektur. 17.02.07, (o.J.)
17 Ebd.
18 Engels. Ort der Besinnung.
19 Vgl. Ort der Information. http://www.stiftung-denkmal.de/dasdenkmal/ortinformation. 17.02.07

Im *Raum der Dimension* werden Opferzahlen der jeweiligen europäischen Länder in den Grenzen von 1937 aufgezeigt. Diese Opferzahlen sind bewusst in Augenhöhe an den Wänden angebracht. Im Boden sind auf beleuchteten Glasplatten Zitate und Selbstzeugnisse verfolgter Juden eingelassen, die sie während ihrer Verfolgung verfasst haben.[20]

Der *Raum der Familien* beschreibt 15 Familienschicksale anhand einer Fotoausstellung. Kontext des Raums sind die unterschiedlichen sozialen, nationalen, kulturellen und religiösen Lebenswelten der Juden. Durch ihn soll die Vielfalt der europäischen Juden und die Zerstörung deren Kultur verdeutlicht werden.[21]

Im *Raum der Namen* werden Namen und Kurzbiographien von ermordeten und verschollenen Juden vorgelesen. Gleichzeitig werden Namen, Geburts- und Todesjahr der Personen an die Wände projiziert. Um sich alle Namen, die dort vorgelesen werden, anzuhören, bräuchte man 6 Jahre, 7 Monate und 27 Tage.[22]

Der *Raum der Orte* zeigt die geographische Ausdehnung des Holocaust. Filme und Fotomaterial zeigen 200 Orte der Vernichtung, wie zum Beispiel Konzentrationslager.[23]

Diese vier Räume zeigen die Grausamkeit des Holocaust in vollem Ausmaß. Nur in Verbindung mit dem Ort der Information kann das Mahnmal wirken. Die emotionale Ebene wird durch die Ebene des Wissens ergänzt.

## 4.3. Eindrücke und Emotionen:

Die Wirkung auf den Betrachter ist sehr umfangreich. Das Spektrum reicht von stiller Verunsicherung, über keinerlei emotionaler Regung bis hin zum überwältigenden Eindruck.

---

20 Ebd.
21 Ebd.
22 Ebd.

Dem Mahnmal wird aber auch keinerlei Aussagekraft attestiert. Im Gegensatz dazu steht die authentische Darstellung von Emotionen wie zum Beispiel Enge, Stille, Angst, Ausweglosigkeit, Hilflosigkeit oder Verunsicherung. Diese Eigenschaft lässt wieder Rückschlüsse auf den herkömmlichen Denkmalbegriff ziehen, da keine eindeutigen Reaktionen oder Emotionen erreicht werden.[24]

Eisenman wünscht sich, dass dieser Ort nicht heilig wird. Er will, dass Kinder dort fangen spielen. Dies widerspricht sich mit der Besucherordnung. Sie verbietet rennen, lautes reden und das Laufen auf den Stelen.[25] Die Stelen schaffen auf der einen Seite Emotionen, auf der anderen Seite werden Emotionen verboten. Die Aussagen von Peter Eisenman sind ungleich mit der Besucherordnung.

---

23 Ebd.
24 Schayan, Janet: Holocaust Mahnmal. http://www.magazine-deutschland.de/issue/Mahnmal_2-05.php. 17.02.07
25 Möller, Barbara: Darf man hier Spaß haben? http://www.abendblatt.de/daten/2005/05/13/432770.html. 17.02.07

# 5. Fazit: Gelungene Kombination aus Emotionen und Wissen

Peter Eisenman hat mit dem Mahnmal ein zentrales Denkmal für den Holocaust geschaffen. Die Einzigartigkeit des Verbrechens und die historische Verantwortung, die Deutschland trägt und tragend wird, sind der Grund, warum das Denkmal nur einer Betroffengruppe gewidmet wurde.[26] Eine grundlegende Information, um das Zusammenspiel der Komponenten Eisenmans zu verstehen. Ihm ist es wichtig, das Kunst eine Funktion besitzt. In dem er eine so rege und andauernde Diskussion ins Leben gerufen hat, beginnt sein Verständnis von Kunst zu wirken. Er kreiert ein architektonisch aufwendiges und emotionales Konstrukt aus Betonklötzen, gleichzeitig gelingt es ihm, ein Museum zu errichten, das es schafft, die Gefühle, die der Besucher entwickelt, mit elementarem Wissen zu vervollständigen. Die Aufarbeitung und Auseinandersetzung gelingt. Jedoch liegt es am Betrachter selbst, inwieweit er es zu lässt. Nur wenn der Besucher sich auf die Verbindung zwischen Mahnmal und Ort der Information einlässt, können Emotionen entstehen, die dann anhand des Wissen vertieft werden.

Die Stelenkonstruktion verleiht dem Besucher eine Art Nachempfindung. So, wie man sich zwischen den stämmigen Betonpfeiler fühlen kann, alleine gelassen, hilflos, verloren. Das Versetzen in diese Gefühlslagen machen neue Eindrücke möglich, helfen dem Stelenläufer sich ansatzweise in die mentale Situation eines solchen schrecklichen Moments hinein zu versetzen und sind Grundbedingung, um sich für ein Bewusstsein öffnen zu können, dass die Verbindung zwischen dem Holocaust und der eigenen Person aufrecht erhält und nicht vergessen lässt und die Aufarbeitung gleichzeitig vollzieht.

---

26 Vgl. Häufig gestellte Fragen. http://www.stiftung-denkmal.de/haeufigefragen#cathead2, 17.02.07, (o.V.)

14

Gerade durch die Tatsache, dass das Mahnmal nicht zu einem Ort des stillen Gedenkens wird, keine herkömmliche Denkmalstruktur annimmt, sondern eine andere Art von Auseinandersetzung erzeugt, kann man das Denkmal für die ermordeten Juden Europas als sinnvoll und wichtig ansehen.

Abschließend kann ich aus eigener Erfahrung sagen, dass das Mahnmal beeindruckend und ergreifend zugleich ist. Die Stelen rufen Emotionen hervor, die kein anderes Denkmal bislang hervorrufen konnte. Und genau diese Tatsache lässt diese einzigartige Gedenkstätte zu dem werden, was sie hoffentlich für viele andere Menschen auch sein wird: Ein Ort, der nicht vergessen lässt, eine Verbindung zwischen Geschichte und Gegenwart herstellt und Erinnerung schafft.

Kaum ein Monument schafft es, ohne gewollte Symbolik soviel zu sagen, wie das Denkmal für die ermordeten Juden Europas. Auch wenn es „nur" subjektive Aussagekraft hat.

# 6. Literaturverzeichnis

1.) Architekt Eisenman.

http://www.zdf.de/ZDFmediathek/inhalt/20/0,4070,2292564-5,00.html,

17.02.07, (o.V.)

2.) Denkmal für die ermordeten Juden Europas. Gleichnamige Broschüre des

Förderkreises zur Errichtung eines Denkmals für die ermordeten Juden

Europas e. V., Berlin (o. J.)

3.) Deutscher Bundestag. Stenographischer Bericht. 48. Sitzung. Bonn (1999),

S. 4110 f.

4.) Duden Kunst. Mannheim (2005)

5.) Duden Kunstgeschichte II. Mannheim (2005)

6.) Eisenman, Peter: Denkmal für die ermordeten Juden Europas.

http://www.stiftung-denkmal.de/dasdenkmal/stelenfeld/architektur.

17.02.07,o.J.)

7.) Engel, Esteban: Ort der Besinnung und Touristenmagnet.

http://www.heute.de/ZDFheute/inhalt/8/0,3672,3932264,00.html,17.02.07

8.) Fremdwörterlexikon, Friedemann Bedürftig

9.) Gedenkstätten für die Opfer des Nationalsozialismus. Eine Dokumentation

II. Bonn (2000)

10.) Häufig gestellte Fragen. http://www.stiftung-

denkmal.de/haeufigefragen#cathead2, 17.02.07, (o.V.)

11.) Möller, Barbara: Darf man hier Spaß haben?

http://www.abendblatt.de/daten/2005/05/13/432770.html. 17.02.07

12.) Ort der Information. http://www.stiftung-

denkmal.de/dasdenkmal/ortinformation. 17.02.07, (o.V.)

13.) Past projects. www.eisenmanarchitects.com, 17.02.07, (o.V.)

14.) Peter David Eisenman.

http://biografien.focus.de/templ/te_bio.php?PID=1583&RID=1, 17.02.07

15.) Schayan, Janet: Holocaust Mahnmal. http://www.magazine-

deutschland.de/issue/Mahnmal_2-05.php. 17.02.07

16.) Schmitz, Michael (2005): Die Ästhetik des Mahnmals. Die Gegenwart der

Vergangenheit. In: kritische berichte 1 (2005). Seite 51 – 73.

# 7. Abbildungen

Abbildung 1

Quelle: www.greatbuildings.com

Abbildung 2

Quelle: Privat

Abbildung 3

Quelle: http://www.stiftung-
denkmal.de/dasdenkmal/stelenfeld/?zoom=1&col=2&image=